アスク セレクション①

心の体質改善 ♥

スキーマ療法

イラストでわかる！

自習ガイド

監修 伊藤絵美

アスク・ヒューマン・ケア

構成　アスク・ヒューマン・ケア
イラスト　よしだみぽ

はじめに

なぜか、人とぶつかってしまう。
いつも自分は後回し、我慢ばかりしている。
どれだけがんばっても、これでいいと思えない。

……そんな「生きづらさ」の背景にある「心の体質」を
改善するのが、認知行動療法の進化型である「スキーマ
療法」です。

治療の場では、熟練したセラピストによる認知行動療法
の段階を経たあと、じっくり時間をかけて取り組むもの
なのですが、そのエッセンスは「自習」も可能。

自分の生き方の問題に漠然と気づいている人、何かを変
えようとしている人、変わるための行動を始めている人
……そんな人にとって、スキーマ療法は大いに役立ちま
す。
「なんとなく」感じていることをはっきりさせ、何をど
うしたら変えていかれるか、たくさんのヒントをくれる
からです。

スキーマ療法の世界へようこそ！
日本の第一人者、伊藤絵美先生にガイドしてもらいます。

アスク・ヒューマン・ケア

も・く・じ

PART 1　心のつぶやきの奥にあるもの ... 5

PART 2　スキーマはどうやってできる？ ... 15

PART 3　自分の中のスキーマ調べ ... 25

PART 4　モードワーク ... 39

PART 5　実例集—3 人のケース ... 51

PART1

心のつぶやきの奥にあるもの

> 伊藤絵美先生、よろしくお願いします。
> さっそくですが、スキーマ療法って、どんなもの？
> かんたんに教えてください。

　さまざまな心の悩みや生きる上での問題を、「おでき」にたとえてみましょう。たとえば、人間関係のトラブル、不安やうつ状態、自傷、摂食障害、アルコールや薬物依存、ギャンブル依存……。

　いったん「おでき」が治ったと思っても、すぐに再発する人は少なくありません。そこで、ある人は、おできを早めに手当てする方法を習いました。

　これが「認知行動療法」です。まずい兆候に自分で気づき、ひどくならないうちに対処するやり方を身につけます。

　これでひと安心、と思ったら、今度は別の場所に「おでき」ができました。リストカットはしなくなったけれど、いつしかパチンコにはまっていた、というぐあいです。

　こうやって、次から次へと、まずい事態にはまりこむ人がいます。あるいは、何かと問題を起こす人ばかりをパートナーに選んでしまう人もいます。

　これでは大変ですよね。

　だから「おできができやすい体質」そのものを変えようというのが、スキーマ療法です。いわば心の体質改善。

　スキーマ療法は認知行動療法を発展させたもので、アメリカ

の心理学者、ジェフリー・E・ヤング博士が考案しました。

私のオフィスは認知行動療法を専門にしていますが、そのプロセスを終えた人にスキーマ療法を説明すると、やってみたい！　と乗り出す方が多いんです。

そもそも「スキーマ」とは？

スキーマ（schema）とは図式・概要などの意味を持つ英語です。心理学の世界では「認知の土台部分となっている、価値観・ルール」のことをさします。

それって具体的にどういうことでしょうか。

こんな状況を思い浮かべてください。

交差点に向かって歩いていたら、青信号が点滅しています。そのとき、あなたならどう行動するでしょう。

Aさんは「間に合うぞ、走れ！」と心でつぶやき、元気よく全力で駆け出します。

Bさんは「間に合わないかも。遅刻しちゃう！」と、おろおろ駆け出します。

Cさんは「まあいいや、次に渡れば〜」と思って、ふつうに歩き続けます。

駆け出したり歩いたりする、彼らの行動のモトになっている

心の中のつぶやきを【自動思考】といいます。

　ところで3人の自動思考の背景には、共通する前提があるのです。それは何でしょうか？

　答えは——青信号は進め。赤信号は止まれ。

　わざわざ意識することもないほど心の中に染みついた、約束事ですね。これを【スキーマ】と呼びます。

　私たちがモノを考えるときの大前提になるものです。

　では次ページのシーンを考えてみましょう。

　場面は駅のホームです。あなたのそばで、チッ！　と舌打ちする人がいました。そんなとき、あなたの心の中には、どんなつぶやきが生まれるでしょう？

「何か私に文句をつける気だな！」とムッとする。

「私、気を悪くするようなことをした？」とうろたえる。

「何かひどいことされたらどうしよう！」とすくみ上る。

「公共の場で舌打ちなんて！」と心の中で断罪する。

（なんでもない、何も感じてない）と感情を抑制する。

　こんなふうに何かの場面で自動的にわいてくる心の中のつぶやきには、それを生み出すモトである【スキーマ】＝自分にとっての大前提があります。

　たとえば「私に文句をつける気だな！」と戦闘態勢に入ろうとする人には「不信・虐待スキーマ」が、「私が何か悪いことをした？」とうろたえる人には「服従スキーマ」が、おそらく存在します。

（それぞれのスキーマの中身については、PART3でみていきます）

8

PART1 | 心のつぶやきの奥にあるもの

駅のホームで舌打ちする人がいた。そのときあなただったら？

同じ状況でも大きく違う

　冒頭で、スキーマとは「認知の土台部分となっている、価値観・ルール」だとご説明しました。

　ここでもう少しくわしく見ていきましょう。

　何かの状況や刺激に直面したとき、自分の中でそれをどうとらえるかを「認知」と呼びます。

　この認知には二つの層があります。

　心のつぶやきとして表面に現われるのが【自動思考】で、見えない土台となっているのが【スキーマ】です。

　どんなスキーマを持っているかで、心のつぶやきは違ってきます。

　たとえば駅の場面で同じ舌打ちを耳にしたとき、「私は私、人は人」のようなスキーマ（大前提）を持っている人なら「この人、何か嫌なことがあったのね」のような客観的な自動思考が生まれるかもしれません。

「安全第一！」のスキーマを持っている人は、「機嫌が悪そうな人がいるから、さりげなく距離をとっておこう」という自動思考になるかもしれません。

　イラストに出てきた人々よりも、生きるのが楽そうです。

　ここでもう一度、信号のたとえに戻ってみましょう。

　Aさん、Bさん、Cさんは共通して「青は進め。赤は止まれ」のスキーマを持っていました。これに加えて、それぞれ多数のスキーマとともに生きているはずです。

　AさんやCさんにはおそらく「物事はたいてい、なんとかな

る」という楽観的なスキーマがあるのではないでしょうか。

　一方、おろおろ駆け出したＢさんは、「物事はたいてい、うまくいかない」という悲観的なスキーマを持っているかもしれません。

　これらの【スキーマ】に応じて、心のつぶやきである【自動思考】が生まれます。そこから喜怒哀楽の【感情】や【身体反応】も生じます。こうした感情や身体反応が、次の【行動】へと結びつくわけです。

　たとえば青信号が点滅しているときのＢさんは、こんなふうになります。

「青は進め。赤は止まれ」「物事はたいてい、うまくいかない」という【スキーマ】
　　↓
「間に合わないかも。遅刻しちゃう！」という【自動思考】
　　↓
焦りの感情や、動悸などの【身体反応】
　　↓
おろおろ駆け出すという【行動】

生きやすさのための道具が……

　スキーマはもともと、私たちが生きやすくなるためのものです。

　もしも信号の前に立つたび「青は進めだったかな？」「その青が点滅しているということは？」と、いちいち枠組みから確認していたら、その間に信号が変わってしまうでしょう。
「青は進め」と意識するプロセスを飛ばして考えることができ

るために、物事はスムーズにいくのです。

　私たちは日常の中で、無意識のスキーマに助けられて、途切れることなく感じて判断し行動しています。

　ところが、あまり助けにならないスキーマもあります。
　たとえば「人は信じられない」などの「不信・虐待スキーマ」です。このスキーマが根強く居座っていると、誰かに心を開くこともできず、頼ることもできず、つらいでしょう。
　それでも、もともとは自分を助けていたはずのスキーマなのです。過酷な子ども時代を、たえず警戒し用心することで生きのびてこられたのかもしれません。
　大人になった今は、人を信じられない生き方が自分を苦しめている……。でも、いったん作られた「大前提」は簡単には消えないのです。
　このように、生きづらさの背景となるようなスキーマのことを【早期不適応的スキーマ】と呼びます。

　不適応を起こしているスキーマに気づいて、かつて自分を助けてくれたことに感謝しつつ、「もういいよ」と、穏やかにお引き取りを願うのがスキーマ療法なのです。
　そして、自分が幸せになれるようなスキーマを増やしていけばいいのです。

始まる前の準備

　次のPART2とPART3で、自分の中にあるスキーマをみていきます。
　本来、スキーマ療法に本格的に取り組むには、それなりの年

月がかかります。これまで生きてきた中で起きた出来事や感情をじっくり通りなおすプロセスが必要になるからです。

この本では、スキーマ療法をコンパクトに自習していきますが、自習にもちょこっとした準備が欠かせません。それは、スキーマ療法の世界から日常へと、安全に戻ってくるための準備です。

自分のスキーマと向き合う作業には、痛みが伴う場合があります。というよりも、痛みを避けようとしていたら、何かを変えることはできません。

これかも……という核心に近づいたとき、心がチクッとしたり、グサッと来たりすることがあります。とても大事なサインなのですが、その痛みを日常にずるずるひきずらないようにするために、あらかじめ「区切りの儀式」を決めておくとよいのです。

🔲 安全なイメージやグッズ

たとえば、つらい気持ちがわいてきたとき、自分にとっての「安全なイメージ」を思い起こすことで、区切りをつけられるようにしておきます。

たとえば……木漏れ日にちらちら揺れる葉っぱ。草原をわたっていく風。川のせせらぎ。ぬくぬくとしたおふとん。お気に入りのソファ。

あなたにとって、安全で安心できて、心地よい場所を思い浮かべてみてください。単に言葉だけでなく、五感でありありと体感できるようにしておきます。

つらくなったら、その安全な場所をイメージして区切りをつ

け、「今・ここ」の自分に戻るのです。

　もうひとつの方法は、自分にとっての「安全を象徴するグッズ」を決めておくこと。

　たとえば……好きな言葉が書かれたカード。絵や、写真、ぬいぐるみなど。お気に入りのアロマもいいですね。

　グサッときてつらいとき、こうしたグッズを眺めたり、手にとったり、香りをかぐことで、区切りをつけて日常に戻るのです。

　今のうちに、イメージかグッズの準備をしておきましょう。

Be!

[季刊ビィ]

6月10日発売!!

定価1045円
（950円＋税）

159号

依存症・AC・人間関係…回復とセルフケアの最新情報

特集

妬みとジェラシーの心理学

「ずるい!」と感じるとき、私たちの心に何が起きているのか？

「あの人、ずるい!」の背後には、妬みや嫉妬という、向き合うのが難しい感情がある。

でも実はこうした感情は、本来は醜いものでも罪深いものでもないらしい。

その中身を探っていくと、思わぬ発見が……。

嫉妬されて困っている人、支援者にも役立つ内容。

「ずるい！」

レッスン1 …… 「ずるい!」の声に蓋をしないで ［澤田麻香］
レッスン2 …… 「妬み」は、罪深い感情ではない？ ［澤田匡人］
レッスン3 …… 「嫉妬しやすい」のはなぜ？ ［水島広子］

● 編みをとるより大事なこと

トラウマ・インフォームド・ケアの視点で依存症を見る

［野坂祐子］

連載 歴史を学べない番外編

戦後80年「戦争トラウマと依存症」を考える

協力 中村江里 信田さよ子 ［風間暁］

新 当事者による連載エッセイ

オンラインカジノ問題 初の大規模調査で何が見えたか？
■当事者たちの体験

＜くすりのあとで＞ ［木津海汰］

---

2 の実践報告

「仲間がいるから変える［フツーじゃない人生ゲーム］」
［三光病院　デイケア］

○大学生が取り組んだ
アルコールと世代連鎖のシリアスゲーム
［同志社大学社会学部／野村せミ］

編集部インタビュー

徳井健太 ［お笑い芸人］

「僕、ヤンキー中学生にアナザーストーリーを与えた」

他にも好評連載などウラ号も盛りだくさん！

郵便はがき

料金別納郵便

Be!
1985年創刊

発売：アスク・ヒューマン・ケア
発行：特定非営利活動法人ＡＳＫ（アルコール薬物問題全国市民協会）

〒103-0014 東京都中央区日本橋蛎殻町1-2-7-1F
最新情報はホームページ（www.a-h-c.jp）で配信中。

| 1冊ずつ購入した場合 4,980円 | ▶ | 年間購読　3,900円 年4冊（3・6・9・12月発行）／税込・送料無料 |

◆10冊以上をご注文される場合は割引があります。お問い合わせください。
◆ハガキがご不要な方はお手数ですがご連絡ください。

ご注文は☎ 03-3249-2551 か オンラインショップへ

PART2

スキーマは
どうやってできる？

伊藤先生、教えてください。
私たちを生きづらくさせる「早期不適応的スキーマ」って、どうやってできるのでしょう？

スキーマ療法を考案したヤング博士によると、人は誰でも5つのエリアの「中核的感情欲求」を持っているといいます。

愛してもらいたい。
守ってもらいたい。
理解してもらいたい。

有能な人間になりたい。
いろんなことがうまくできるようになりたい。

自分の感情や思いを自由に表現したい。
自分の意志を大切にしたい。

自由にのびのびと動きたい。
楽しく遊びたい。
生き生きと楽しみたい。

自律性のある人間になりたい。
ある程度自分をコントロールできるようになりたい。

PART2 | スキーマはどうやってできる？

　これは子どもが育つときに、親など養育者との関係の中で満たされたいと願う当たり前の欲求です。同時に、大人になっても欠かせない「内なる子ども」のニーズでもあります。
　5つのエリアの欲求がある程度まで満たされれば、人はのびのびと健康的に成長し、生きていくことができます。
　けれど何らかの原因で、いずれかのエリアがほとんど満たされない状況が続いたり、繰り返し損なわれたり、激しくグラつくようなことがあると、それは傷つき体験となります。
　すると、それぞれのエリアに「早期不適応的スキーマ」が作られていくのです。まずはその中身をざっと見ておきましょう。

中核的感情欲求（内なる子どものニーズ）と生きづらさの背景となる「早期不適応的スキーマ」

「愛してもらいたい。守ってもらいたい。理解してもらいたい」という感情欲求が満たされないと……

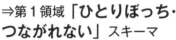

⇒第1領域「ひとりぼっち・つながれない」スキーマ

（見捨てられてしまう／人は信じられない／愛されない／わかってもらえない／自分には欠陥がある……など）

17

「有能な人間になりたい。いろいろなことがうまくできるようになりたい」という感情欲求が満たされないと……

▼

⇒第2領域「**自信がない・ひとりじゃできない**」スキーマ

(助けてもらわないと何もできない／きっと失敗する／恐ろしいことが起きるかも／相手に合わせたほうがいい……など)

「自分の感情や思いを自由に表現したい。自分の意志を大切にしたい」という感情欲求が満たされないと……

▼

⇒第3領域「**他者優先**」スキーマ

(嫌われたくない／困っている人がいたら私が何とかしなければいけない／自分の価値は他人の評価次第だ……など)

PART2 | スキーマはどうやってできる？

「**自由にのびのびと動きたい。楽しく遊びたい。生き生きと楽しみたい**」という感情欲求が満たされないと……

⇒第４領域
「がんじがらめ」 スキーマ

（どうせいいことなんかない、感情を表に出すのはよくない、あらゆる場面で努力すべき、失敗は許されない……など）

「**自律性のある人間になりたい。ある程度自分をコントロールできるようになりたい**」という感情欲求が満たされないと……

⇒第５領域 **「野放し」** スキーマ

（自分は他人と違う特別な存在だ、自分のために他人を利用してもいい、我慢せず楽しいことだけやっていたい……など）

子ども時代の環境

　ところでなぜ、欲求が満たされないと不適応的スキーマができあがるのでしょう。

　親に何らかの事情があって、子どもに十分な愛情や関心を注ぐことができなかったとします。
「愛してもらいたい。守ってもらいたい。理解してもらいたい」という願いがかなえられない子どもは、「どうやったって自分は愛されないのだ」というルールを打ち立てます。
　求めても得られず、信じては裏切られることを繰り返すよりも、そもそも期待するのをやめることで自分の心を守ろうとするのです。「誰だって結局、自分を見捨てるのだ」という前提のもとに暮らしていれば、それ以上傷つかずにすむ、というわけです。
　第1領域のスキーマは、このようにして生まれます。

　子どもが新しいことに挑戦するのを見守る余裕が、親になかったとします。「おまえは失敗してばかりだ。何ひとつまともにできない！」とけなしたり、逆に、子どものことを心配するあまり、あらゆる場面で手をさしのべてしまう……。
　すると子どもは「有能な人間になりたい。いろいろなことがうまくできるようになりたい」という欲求を満たせません。
　挑戦することを避け、誰かに依存したり、周囲に合わせることで自分を守ろうとするのです。
　第2領域のスキーマは、このようにして生まれます。

子どもが何か要求するたびに、「そんなこと言うなんてわがままだ」「お姉ちゃん（お兄ちゃん）なんだから、がまんしなさい」と叱られた……。あるいは、いつも親のグチを聞いたり、親を慰める役をしていた……。自分のことは二の次にして、親や幼いきょうだいの面倒をみなければならなかった……。

すると、その子どもは「自分の感情や思いを自由に表現したい。自分の意志を大切にしたい」という欲求を満たせません。

嫌われないように、周囲から認めてもらえるように、誰かの役に立つようにと、常に他人を優先することで自分の居場所を守るしかなくなるのです。

第3領域のスキーマは、このようにして生まれます。

「百点をとらなければダメ」のように高い目標で追い立てられたり、「約束を破ったから今日の夕飯は抜きだよ」といった厳しい規則の中で育てられた……。

すると、その子どもは「自由にのびのびと動きたい。楽しく遊びたい。生き生きと楽しみたい」という欲求を満たすことができません。

失敗しないように、ダメな自分だと思われないように、常に自分を監視し、休みなく努力を続けようとします。無邪気でいることを許されず、自分にも他人にも厳しくするしかなくなるのです。

第4領域のスキーマは、このようにして生まれます。

親が子どもを放任してしまうこともあります。

ほしがるものを何でも与えて、その結果、物事の限度や社会的ルール、他の人への思いやりなどを適切に教えることができない……。あるいは、親自身が自分の欲求や衝動をコントロー

ルできず、子どもにお手本を示せない……。

その子どもは、「自律性のある人間になりたい。ある程度自分をコントロールできるようになりたい」という欲求を満たせません。

他人を押しのけてでも自分の要求を通して当然と思ってしまったり、目の前の楽しいことを優先し、やるべきことを後回しにしがちになるのです。

第5領域のスキーマは、このようにして生まれます。

こうした子ども時代の環境以外にも、不適応的スキーマを生み出す背景やきっかけがあります。

生まれつきの特徴や、思春期あるいは大人になってからのトラウマ体験です。

生まれつきの特徴

生まれつきの特徴には、体力の違いもあれば、性格傾向などもあります。

たとえば体が弱くてたびたび発作を起こしていたなら、周囲の子は遊び回っているのに自分は遊ぶことをあきらめなければいけない……という体験をたくさんすることでしょう。すると「自分にはできない」「いつ何が起きるかわからない」といったスキーマが作られやすくなるかもしれません。

性格にしても、生まれつき外向的な人もいれば内向的な人もいます。また、さまざまな発達のでこぼこ（ＡＤＨＤや、アスペルガー症候群など）もスキーマに影響します。

実をいうと私自身、第2領域の「無能・依存スキーマ」を持つ

ています。

私は左利きで、不器用で、しかも落ち着きのない子どもでした。まわりのみんなはちゃんとできているのに、自分はできない……。他の子は集中しているのに、自分はよそ見をして叱られる……。

こういうことが重なるうちに、「私にはできない」「そんなこと言われたって、無理なものは無理だもん！」というスキーマができあがったのです。

思春期・成人後のトラウマ体験

多くのスキーマは子ども時代に形成されます。

だからこそ、「早期」不適応的スキーマと呼ぶのですが、思春期や成人後に作られる、不適応的スキーマもあります。

命の危険を感じるような事件・事故・災害や、性被害、ひどい裏切られ体験などの衝撃によって、それまでの自分を支えてきた幸せなスキーマが、根本から揺るがされてしまうのです。

「世界は安全だ」という枠組みで生きてきたのに、いきなり「世界は危険だらけだ」に変わるような出来事に遭遇したり、「人は信じられる」という前提で暮らしてきたのに、「油断したら何をされるかわからない」「誰も私を守ってくれない」に変わってしまったり……

ここで念のため言っておきますが、「中核的感情欲求」が満たされない傷つき体験は、実は誰にでもあります。

当然の欲求ではあっても、常に百パーセント満たされることなんて、あり得ません。人は満たされた幸せと同時に、満たさ

れない状況とも折り合いをつけることを学びながら成長してい
くものです。

　ただし問題なのは、あまりに大きな傷つき体験や、小さくて
もたびたび繰り返される傷つき体験です。

　傷ついた自分を守ろうとして、やっかいなスキーマとの腐れ
縁ができてしまうのです。

PART3
自分の中のスキーマ調べ

伊藤先生、これからいよいよ、自分の中の「不適応的スキーマ」を見ていくわけですね。
ドキドキです……。

　その前に少しだけ復習しておきましょう。
【スキーマ】は、心の中に自然にわいてくる【自動思考】の背景になるもので、いちいち意識していないからこそ、私たちはスムーズに感じたり考えたり行動できます。
　ですから、特定のスキーマが発動していることに、ふだんは気づかないことが多いのです。
　気づかないうちに、物事のとらえ方や考え方に大きく影響して、さまざまな感情や身体の反応を引き起こし、それが行動に結びついている……だからこそ、やっかいなんですね。

　スキーマ療法を考案したヤング博士は、先ほどの５つの領域に従って、生きづらさの背景となる代表的な「早期不適応的スキーマ」を整理しました。全部で18個あります。
（意味が伝わりやすいよう、スキーマの名前は私が意訳したものもあります）
　これから順番に挙げていくので、まずはそれぞれのスキーマについての説明を他人事として読んでみてください。
　読みながら、もしも自分の中に何か反応が起きたら、そこに少し注意を向けてみましょう。

　たとえば私の場合なら、「無能」という言葉を見たときにグッときます。この「グッとくる感じ」が手がかりになります。

26

グッとくる、という状態を言葉で正確に説明するのは難しくて、それこそグッとくるとしか言いようがないのがスキーマの持ち主の反応です。たとえば「まさにそうだ！」というのもグッときているし、「なんだか嫌だな……」というのもグッときています。

要は、感情が揺さぶられるということ。

読んでいる途中で思わずページを閉じたくなった、というのも、立派な「グッとくる感じ」です。

こうした感情の揺らぎに気づくことが、次のステップにつながるのです。

なお、グッときすぎてつらい場合は、決して無理をしないでください。いったん中断し、ＰＡＲＴ１で準備しておいた「安全なイメージ」「安全を象徴するグッズ」を使って、日常へ戻りましょう。

第1領域のスキーマ

「ひとりぼっち・つながれない」

まずは第1領域のスキーマを挙げていきます。
あなたにとって、グッとくるものがあるでしょうか。

1　見捨てられスキーマ

「人はみんな、私を見捨てていく」「大切な人は必ず私のもとを去っていく」「私は人に見捨てられる存在だ」など。

〔このスキーマが引き起こすのは……〕

◆見捨てられまいとして、しがみつく。
◆見捨てられる前に、自分から捨てる。
◆大切な人をつくらない。

2　不信・虐待スキーマ

「人は私を攻撃し、虐待してくる」「何かあれば私を陥れようとする」「うっかり信じると、ひどい目にあう」など。

〔このスキーマが引き起こすのは……〕

◆人に心を許さず、ほめられても「何か裏がある?」と警戒する。
◆過剰防衛で、相手を攻撃する。
◆でも本当は人を信じたい！　特定の人に過度な期待を集中させることも。

PART3 | 自分の中のスキーマ調べ

3 「愛されない」「わかってもらえない」スキーマ

「人は私を愛してくれない」「私は人に受け入れられない」「誰にも理解されない」など。

〔このスキーマが引き起こすのは……〕

◆どうせわかってもらえないからと、斜にかまえて人と距離をとる。

◆私を見て！　気持ちをわかって！　と、身近な人に強烈なエネルギーを向ける。

◆あきらめて、人と関わらない。

4 欠陥・恥スキーマ

「自分には人間として欠陥がある」「いいところなんてない」「こんな自分を知られたら恥だ」など。

〔このスキーマが引き起こすのは……〕

◆自分の欠陥がバレないよう、本当の自分を隠そうとする。ちょっとしたミスにも過敏になる。

◆評価されるような状況を避ける。

◆欠陥を見せまいと、過剰に努力する。

5 孤立スキーマ

「自分はどこにも属さず一人でぽつんとしている」「変わり者、変人だ」など。

〔このスキーマが引き起こすのは……〕

◆人と交わらず、引きこもり気味。

◆自分だけの趣味の世界に没頭する。

◆でも本当は自分の居場所を求めているので、オンラインゲームやSNSなどの中で注目を得ようとすることも。

29

第2領域のスキーマ

「自信がない・ひとりじゃできない」

第2領域のスキーマを挙げます。
あなたにとって、グッとくるものがあるでしょうか。

6　無能・依存スキーマ

「自分一人では何もできない」「誰かに助けてもらわないとダメなんだ」など。

〔このスキーマが引き起こすのは……〕

◆新しいことに尻込みし、やらねばならないことも先送りする。
◆何かと人に頼り、甘えようとする。
◆逆に「誰の手も借りずにできる！」と証明しようとして、手助けを求めるべきなのに頑なに一人でやろうとするなど、無謀な行動に出ることも。

7 「この世は何があるかわからないし、自分はいとも簡単にやられてしまう」スキーマ

「いきなり心臓発作が起きるかもしれないし、災害が起きるかもしれない、自分の身にいつどんな恐ろしいことが降りかかるかわからない！」、かつ「自分はもろくて弱い存在で、そんなことが起きたらどうすることもできない」というもの。

PART3 | 自分の中のスキーマ調べ

〔このスキーマが引き起こすのは……〕

◆いつもびくびくと警戒している。

◆自分の状態や周囲の変化に敏感で、ほんのちょっとした徴候
にも動揺する。

◆何かが起きると一目散に逃げ出すか、恐怖に固まる。

8 巻きこまれスキーマ

「生き残っていくには、自分を主張せず相手に同調しておく
方が得策だ」「あなたの考えは私の考え」「あなたと私は二人
で一つ」など。

〔このスキーマが引き起こすのは……〕

◆誰かと一体化し、自分というものがわからない。常に誰かと
一緒にいようとする。誰かの欲求を満たすことで、自分を満
たそうとする。

◆一体でいることに疲れて、感情を爆発させることもある。

◆空虚さを埋めようと、刺激を求めて自分を傷つけるような行
動をしたり、酒・薬物・ギャンブルなどに依存することも。

9 失敗スキーマ

「自分は何をやっても失敗する」「次もきっとうまくいかない」
など。

〔このスキーマが引き起こすのは……〕

◆「どうせ私なんか……」と自分を卑下する。

◆実際はある程度できていても、自分のやったことをすべて失
敗とみなす。

◆今度こそ挽回するぞ、と張り切っても、根気が続かない。

31

第3領域のスキーマ

「他者優先」

第3領域のスキーマを挙げます。
あなたにとって、グッとくるものがあるでしょうか。

10 服従スキーマ

「叱られたくない」「嫌われたくない」「責められたくない」など。

〔このスキーマが引き起こすのは……〕
◆周囲の人の機嫌をとる、人の言うことに反射的に従う。いつも気をまわして人のために行動する。
◆自分の気持ちが置きざりになるため、それが続くと欲求不満で逆ギレすることもある。
◆自分よりも弱い立場の人を服従させようとする場合も。

11 自己犠牲スキーマ

「自分よりも相手を優先するのが当然のこと」「悲しんでいる人や困っている人がいたら私が何とかしなければ」「人の役に立たない自分には価値がない」など。

〔このスキーマが引き起こすのは……〕
◆いつも相手を気遣う。あれこれ世話して手助けする。

PART3 | 自分の中のスキーマ調べ

◆うまく助けられなかったり、相手がつらそうだったりすると
罪悪感を感じる。

◆これが続くと、しんどくて疲れてしまい、相手のことを負担
に感じたり、身体をこわすことも。

12 「ほめられたい」「評価されたい」スキーマ

「自分の価値は他人の評価次第なのだ」「なんとかして皆に認
められたい」「ほめられたい」など。

〔このスキーマが引き起こすのは……〕

◆常に他人の評価や反応を気にする。

◆他人がどう思うかという判断に基づいて、いつも自分の行動
を決める。

◆周囲からの反応や評価によって、自分の気分も激しくアップ
ダウンする。

第4領域のスキーマ

「がんじがらめ」

第4領域のスキーマを挙げます。
あなたにとって、グッとくるものがあるでしょうか。

13　否定・悲観スキーマ

「どうせいいことなんかない」「がんばってもうまくいきっこない」「人生はつらいことだらけ」など。
〔このスキーマが引き起こすのは……〕
◆物事を否定的にとらえ、マイナス面ばかりを見る。もし○○になったらどうしようと、絶えず心配している。
◆やる気が起きない。周囲のやる気をくじく。
◆楽観的な人を見ると、いい気なものだと思う。でも本当はうらやましいかも。

14　感情抑制スキーマ

「自分は怒りを感じたら、何をしてしまうかわからない」「泣いたら弱い人間だと思われる」「感情を外に出すのはよくない」「感情は危険だ」など。
〔このスキーマが引き起こすのは……〕
◆一見、理性的で自信に満ちた振る舞いをすることもあるが、実際はオープンに人と関わることができない。

PART3 ｜ 自分の中のスキーマ調べ

◆感情を抑えるうちに、自分でも自分の感情がわからなくなることがある。生きている実感が持てない。

◆人前で感情を表わす人を見ると「何なの、あれ？」と軽蔑したりするが、実は少しうらやましいかも。

15 完ぺき主義スキーマ

「百点満点でなければダメ」「手抜きをせず、とことん努力をするべきだ」「あらゆる場面でちゃんとしていなければ」など。

〔このスキーマが引き起こすのは……〕

◆休みもとらずにがんばってしまう。常に何かに追い立てられているかのようにせかせかとしている。

◆「○○すべき」「○○であるべき」という基準を自分にも他人にも当てはめ、容赦なく批判する。

◆実際に何事も完ぺきにやるのは不可能なため、常に不全感を抱いている。

16 罰スキーマ

「失敗は許されない」「うまくできなければ、罰を与えられるべきだ」「間違った行動は罰せられなければいけない」など。

〔このスキーマが引き起こすのは……〕

◆少しのミスでも、容赦なく自分を責める。自分を痛めつける行動をとる。

◆自分や他人を「許す」ことができない。

◆これが他人に強く向けられると、「覚えておけ」「罰があたるぞ」「いい気味だ」といった口癖や思考になる。

第5領域のスキーマ

「野放し」

第5領域のスキーマを挙げます。
あなたにとって、グッとくるものがあるでしょうか。

17 「オレ様・女王様」スキーマ

「自分は他人と違う特別な存在だ」「特別扱いされるべきだ」「自分がやりたいようにするために、他人を利用してもいい」など。

〔このスキーマが引き起こすのは……〕

◆文字通り、王様のように振る舞う。他人が自分のために何かをしてくれて当然だと思う。

◆要求が通らないと、激しくクレームをつける。暴言・暴力で相手を支配しようとする場合もある。

◆自分が特別扱いされない場では、急にしょんぼりしたりする。実はそんな自分を、うっすら恥じていることも……。

◆「不信・虐待スキーマ」の裏返しや、「欠陥・恥スキーマ」によって自分の弱さが露呈するのを恐れるあまり、このスキーマが形成される場合もある。

PART3 | 自分の中のスキーマ調べ

18 「自分をコントロールできない」スキーマ

「やりたいことは今すぐやりたい、ほしいものは今すぐほしい」「我慢なんてしたくない、楽しいことだけやっていたい」「計画なんてどうでもいい」など。

〔このスキーマが引き起こすのは……〕

◆自分の衝動や欲求を、自分で制御できない。ほどほどのところでやめておくのが苦手。

◆やるべきことを後回しにして、ついだらだらしてしまい、約束や期限に間に合わない。ドタキャンしてしまう。

◆周囲から「だらしがない」「わがままだ」と言われる自分を、うっすら恥じていることも……。

◆「失敗スキーマ」や「完ぺき主義スキーマ」の裏返しとして、このスキーマが形成される場合もある。

37

早期不適応的スキーマの一覧

◎第1領域のスキーマ 「ひとりぼっち・つながれない」
 1　見捨てられスキーマ
 2　不信・虐待スキーマ
 3　「愛されない」「わかってもらえない」スキーマ
 4　欠陥・恥スキーマ
 5　孤立スキーマ

◎第2領域のスキーマ「自信がない・ひとりじゃできない」
 6　無能・依存スキーマ
 7　「この世は何があるかわからないし、自分はいと
　　も簡単にやられてしまう」スキーマ
 8　巻きこまれスキーマ
 9　失敗スキーマ

◎第3領域のスキーマ「他者優先」
 10　服従スキーマ
 11　自己犠牲スキーマ
 12　「ほめられたい」「評価されたい」スキーマ

◎第4領域のスキーマ「がんじがらめ」
 13　否定・悲観スキーマ
 14　感情抑制スキーマ
 15　完ぺき主義スキーマ
 16　罰スキーマ

◎第5領域のスキーマ「野放し」
 17　「オレ様・女王様」スキーマ
 18　「自分をコントロールできない」スキーマ

PART4
モードワーク

> 伊藤先生、18 のスキーマの中で「グッとくるもの」がい
> くつか見つかりました。次にどうしたらいいですか？

　その「グッとくる」スキーマが、あなたを生きづらくさせて
いる可能性があります。
　とはいえ、スキーマと戦おうとしたり、慌てて取り除こうと
しなくてもいいのです。
　何が起きているか気づくだけで、スキーマの影響力を弱める
ことができます。「ああ、そういうことだったのかも……」と
理解したとたんに、頑強なスキーマがぽろぽろとはがれ落ちて
いったりするのです。
　自分の中で起きていることを理解するのに役立つのが、5つ
のモードという考え方です。

5つのモードとは？

　何かのきっかけがあって、早期不適応的スキーマが起動した
ときに、それによって事態がいっそうしんどいものになってし
まう……。そんな仕組みや、うまく対処するための方法を、次
の5つのモードで擬人的に説明することができます。
「傷ついた子どもモード」
「傷つける大人モード」
「いただけない対処モード」
「ヘルシーな大人モード」
「幸せな子どもモード」
　では、順にみていきましょう。

40

傷ついた子どもモード

自分の中にある早期不適応的スキーマが起動して、「内なる子ども」が悲しくなったり、怒ったり、寂しくなったり、不安になったりしている状態です。

傷つける大人モード

傷ついた子どもをさらに追い詰めるかのように、「ダメじゃないか」と叱責したり、罵ったりする、心の中の声です。

いただけない対処モード

こうやって責められて、傷ついた子どもが耐えられなくなると、出現してくるモードです。怒りを爆発させる、酒や薬物に頼る、お祭り騒ぎでごまかす、など……。

ヘルシーな大人モード

読んで字のごとく、自分の中にある健康で自立した大人の部分です。このモードがうまく機能すれば、やっかいなスキーマが起動しても、自分を傷つけずに対処できるようになります。

幸せな子どもモード

夢中になって楽しんだり、のびのび自由に遊ぶ「内なる子ども」です。傷ついた状態が続くと、心の片隅に隠れてしまっていますが、誰の中にも、幸せな子どもがきっといます！

心の中で何が起きるのか

　不適応的スキーマに襲われたとき、何が起きるのか、具体的な場面で考えてみましょう。

　次ページのマンガを見てください。

　主人公の女性は会社でちょっとしたミスをした結果、「欠陥・恥スキーマ」が発動しました。

　心の中では、**傷ついた子ども**が「どうしよう！　もうダメ……」と泣きべそをかいている状態です。

　そこへ**傷つける大人**が現われて、泣いている子どもに追い打ちをかけるように責めます。

　つらさから逃れるため、**いただけない対処**が前面に出てきました。責任を放棄して会社を飛び出し、コンビニでお菓子を買い占めてヤケ食いに走ります。

　この間、**ヘルシーな大人**や**幸せな子ども**はどこかに隠れてしまっています。

　そうなると、「失敗スキーマ」「罰スキーマ」なども詰めかけてくるかもしれません。心の中はさらに大変なことに……。

　実際、こうしたスキーマが連れ立ってやってくることはめずらしくないのです。

PART4 | モードワーク

いただけない対処とは

　ところで「いただけない対処」とはどういうものか、考えてみましょう。

　そもそも対処（心理学では「コーピング」）とは、自分を助けるための行動です。

　今日はダメでも明日があるさ……のように考え方を転換するのもコーピングのひとつ。

　行動によるコーピングもあります。たとえば、愚痴を言う、ため息をつく、散歩する、お茶を飲む、ふて寝する、リストカットする……。

　こう言うと「え、リストカットがコーピング⁉」と驚くかもしれませんが、「つらいとき、何とかして自分を助けようとする」ための手段は、どんなことでもコーピングなのです。

　そのコーピングが有効かどうかは、次の２点を考える必要があります。

1　効果
（短期的な効果と、長期的な効果があります）
2　コスト
（それにかかる時間、お金、健康への影響、対人関係への影響……などがあります）

　もともとは自分を助けるためにやっていても、長期的には逆効果になってしまうコーピングがあります。また、多大なお金を使うことになったり、健康や信頼を失うことになるコーピングもあります。

PART4 | モードワーク

このように、結局は自分を助けることにならないコーピングが、「いただけない対処」なのです。

怒鳴り散らす、暴力をふるう、ミスがばれないよう隠す、酒を飲んでごまかす……などは、典型的な「いただけない対処」の例です。

これを繰り返していると、やっかいなスキーマはさらに増強していくことになります。

友だちからのLINEの返事が遅れるたびに「見捨てられスキーマ」が発動する人がいたとします。この人が、いただけない対処モードで「あなたとは絶交！」と爆発していたら、そのうち本当に関係が壊れるでしょう。

そして「やっぱりあの人も、私を見捨てた」となって、「見捨てられスキーマ」は、心の中でさらに幅をきかせることになるのです。

ヘルシーな大人を育てよう

こういう悪循環から抜けるには、ヘルシーな大人モードを起動させる必要があります。

どんなときでも味方になってくれて、いつもあなたのことを理解してくれて、正しい方向に導いてくれて、あなたの幸せを心から願ってくれて、一人の人間として認めてくれて、何があっても見捨てずに守ってくれる存在です。

こうした存在は、大人同士の関係では、現実にはあり得ません。だからこそ、自分自身の中に作り上げるのです。

45

こんなふうだったらよかったのに、という理想の親でもいいですし、仏様でも歴史上の人物でも、アニメのキャラクターでもいいのです。
　私のオフィスにやってくるクライエントさんの中で、圧倒的人気はムーミンパパとムーミンママです。
　バカボンパパもいけます。「それでいいのだ〜」と言ってくれますから！

> **★ヘルシーな大人モードって？**
> ＊絶対的にあなたを守ってくれる
> ＊絶対的にあなたを理解してくれる
> ＊あなたを正しい方向に導いてくれる
> ＊あなたを無条件に愛してくれる
> ＊あなたの幸せを心から願ってくれる
> ＊自立した一人の人間として認めてくれる
> ＊あなたの思いに心から共感してくれる

子どもを守る

　ヘルシーな大人モードのイメージはできましたか？
　たとえばそれがムーミンパパだとします。あなたにつらいことがあって、**傷ついた子どもモード**が出てきたとき、その子どもに向かって「ムーミンパパならどんなふうに声をかけるだろう？」と、想像してみましょう。
　たとえばこんなふうに……

「どうしたの？　何かつらそうだね？」
「何を言ってほしい？　どうしたい？」
　こうやって問いかけることで、悲しんだり怒ったりしている

傷ついた子どもに注意を向けて、気持ちや望みを引き出すのです。この自己対話を「モードワーク」といいます。

　傷つける大人モードが出てきて「おまえなんか！」と責め始めたときは、**ヘルシーな大人モード**が断固立ちはだかり、**子どもを守りましょう**。
「待って！　今なんて言った？」
「この子を傷つけることは許さない」
「出ていってください。さようなら」
　こうやってお引き取り願うのです。
　厳しすぎる要求に対しては、交渉する方法もおすすめです。
「これぐらいにして、この子を休ませてあげようよ」と。

47

いただけない対処モードになってしまったときは、**ヘルシーな大人モード**が救出に乗り出してください。ただし非難したり責めたりせずに、穏やかに、賢くいきましょう。
「おやおや、何が始まっているのかな」
「このまま続けていると、どうなる？」
「ちょっと違う方法で、自分を助けてみない？」といった具合です。

　傷ついた子どもが癒されて**幸せな子どもモード**が出てきたら、あたたかく見守りましょう。**傷つける大人**や**いただけない対処**を遠ざけて、幸せな時間をキープしましょう。

PART4 | モードワーク

■ ハッピー・スキーマ

　こうして練習して**ヘルシーな大人モード**を育てることで、不適応的スキーマは威力を失っていきます。

　そうしたら次は、それまでの不適応的スキーマの代わりに、「ハッピー・スキーマ」を育てていきましょう。

　それには、古いスキーマを引っくり返せばよいのです。

　たとえば「人はみんな私を攻撃し、虐待してくる」という不信・虐待スキーマを逆転させて「信頼できる人がいる」。
「人の役に立たない自分には価値がない」という自己犠牲スキーマの代わりに「私は私のために生きていい」「私の価値は他人に左右されない」。
「失敗は許されない」という罰スキーマの代わりに「誰だって失敗することはある」。
……これらが、ハッピー・スキーマです。

　しばらくの間は、新旧のスキーマの間で綱引きが起きることになるでしょう。

　古いスキーマにやられないために、こんな方法があります。

　自分のハッピー・スキーマを書きだしてみる。それを声に出して読む。

　カードにして、いつも持ち歩く。

　まだ自分のものになっていなくても、あたかもそのスキーマを持っている人のつもりになって、行動してみる。

　ハッピー・スキーマを増やしていきましょう！

49

自分のハッピー・スキーマを
書き出してみましょう

PART5

実例集
3人のケース

このPARTでは、伊藤先生が出会ってきた多くの方々のストーリーをもとに、スキーマに目を向けることで何がどう変わっていくのか、具体的なプロセスをみていきます。「なんだかよくわからないけれど、生きるのが苦しい！」状態の3人が、伊藤先生のもとへやってきました。そして……

A子さんの場合

症状は消えたけど
心にぽっかり穴が……

◇ 食べ吐きと自傷で切り抜ける

　A子さんは、虐待を受けて育ちました。

　摂食障害や自傷は、A子さんが生きていくためのギリギリの対処方法でした。どうにかこうにか短大を卒業しましたが、就職してからは数ヵ月で会社に行かれなくなることが続き、職を転々としました。

　ずっと心のどこかに、死にたい気持ちがあります。

　主治医からの紹介で伊藤先生を訪ねたA子さんは、まず「認知行動療法」に取り組みました。

　困りごとにどう対処するかを一緒に考え、物事のとらえ方と行動のしかたを変えていきます。

　たとえば、職場で同僚が言った何気ないひとことが、A子さんをどん底に突き落とすことがありました。
（それって、私はこの会社に必要ないっていうこと？）
（悪いことはいつも、私のせいなのね！）
　こんなときA子さんは、怒りの爆発・食べ吐き・リストカット・処方薬の過剰服用などの方法で切り抜けてきました。でも

今のままでは、どんどんつらくなるばかりです。

　A子さんは認知行動療法に根気強く取り組みました。しだいに、リストカットは止まり、日常のストレスに対する別の対処法を身につけることができてきました。たとえば、怒りを爆発させる前にふぅ〜っと息を吐いて深呼吸するなど、小さなセルフケアの積み重ねです。

　こうして、傍から見ればA子さんの派手な問題行動は消え、「治った」ように見えました。でもA子さんは、この言葉を繰り返し言っていました。
「今も心にぽっかり穴があいている。死にたい気持ちは、今もある」
　そこで伊藤先生がスキーマ療法の説明をしたところ、ぜひやってみたい、ということになりました。

◇ 過去の体験を語る

　スキーマ療法は、つらさの根っこを見ていくため、ある程度の時間がかかり、痛みを伴います。A子さんのように虐待を受けて育っている場合は、フラッシュバックが起きることもあります。

　そこでまずは数回かけて、安全のための「お膳立て」を行ないました。これまで練習してきたセルフケアに加えて、過去の痛みに襲われたときのための安全なイメージの練習、自分の助けになってくれる人たちがいることを確認する、などです。

　その上で、過去の体験を語る作業が始まりました。
　仕事人間の父、抑圧されていた母、父から母への暴力を目撃

したこと……。

　両親の期待を背負った優秀な兄、「おまえはダメだ」といつも比べられたこと、特に母から「おまえなんか産まなきゃよかった」「お兄ちゃん一人でよかった」と何度も言われたこと……。

　子ども時代の体験を、A子さんは泣きながら語りました。さらに、思春期になってから信じていた友人に裏切られた体験、妊娠中絶や男性との別れについても話しました。

　伊藤先生は「つらかったね」「大変だったね」「よく生きのびたね」と言葉をかけつつも、A子さんの感じていることや考えに介入することはせず、ひたすら聴き続けました。

　20歳ぐらいまで語ったところで、A子さんは言います。「あとは同じように続いているだけ。いつも誰とも、うまくいかない。私はダメなんです」

　大事なものは語りきったことを確認して、いよいよ、スキーマを調べる段階に入ることになりました。

◇ 心に聴いていく

　スキーマのリスト（28～38ページ参照）を見ながら、A子さんは今まで語ってきた過去と照らし合わせて、自分の心に聴いていきます。

　すべてのスキーマ領域があてはまりました。

　スキーマの強さを0～100で表わしてみたところ、特に強かったのが第1～第2領域にある次の3つです。

「1　見捨てられスキーマ」
「2　不信・虐待スキーマ」

PART5 | 実例集　3人のケース

「6　無能・依存スキーマ」

　いずれも、認知行動療法を始めた頃は100近くあり、今は80ぐらい……と言います。

　ここで伊藤先生は、ずらりと並んだスキーマをもとに、Ａ子さんなりのスキーマを表わすフレーズを考えてもらいました。「うーん。『私はダメなんだスキーマ』です。あとは『誰も助けてくれないスキーマ』かな……」
　実はこのとき、非常に大きな転換がＡ子さんの中で起きていました。
　今までずっと「私はダメ」「誰も助けてくれない」というのはＡ子さんにとって【絶対的な真実】でした。物事のとらえ方をプラスに変えたとしても、根幹にあるこの絶対的真実は揺らぎませんでした。
　けれども今、これらは真実ではなく、【スキーマ】だったのだと、Ａ子さんの中で位置づけが変わったのです。

◇ 日常を調べる

　伊藤先生は宿題を出しました。
「私はダメなんだ」「誰も助けてくれない」スキーマが、日常のどんなときに出現するか、観察してくるというものです。
　その結果は、Ａ子さん自身が驚くほどでした。

　今までは自分でも、なぜこれぐらいのことでこんなに大きく反応してしまうのか、わからなかったのですが、ようやくわかってきたのです。

55

友人のドタキャンが世界の終わりぐらいに思えてしまうのはどうしてなのか。同僚の一言で、自分はこの職場にいらない人間だと考えてしまうのはどうしてなのか。

「こんなスキーマと一緒に暮らしていくのは、もうイヤです！」

思わずＡ子さんから出た言葉でした。

では、どうやってスキーマを変えていけばよいでしょう。

伊藤先生とＡ子さんは相談して、モードワークというやり方を使うことにしました。

今のＡ子さんの中では、スキーマに襲われると「傷ついた子どもモード」が起動し、怒ったり、泣いたり、おびえたりしていました。その子どもを、「傷つける大人モード」がさらに追い詰めていたのです。

まずはこの仕組みに気づき、健康的に自分をケアできる「ヘルシーな大人モード」や、のびのび楽しむ「幸せな子どもモード」を育てていくことが、モードワークの課題です。

◇ 時間限定ママになる

モードワークにあたって、伊藤先生は「治療場面に限り、治療者が親の役割をとる」ことを了解してもらいました。いわば時間限定ママです。「時間限定」であることをはっきり示すのが、実は大事なツボ。

日常の出来事でつらくなっているなど「傷ついた子どもモード」にいるＡ子さんに、伊藤先生が声をかけます。

「今だけ、あなたのママになって話をしてみてもいいかな？」

そして「だいじょうぶだよ」「あなたは大切な人だよ」と繰

り返し、「本当はどうしたいのかな？」とＡ子さんの気持ちを引き出します。

　こうやって親役割をとることは、傷ついた子どもの部分を癒すと同時に、「ヘルシーな大人モード」のお手本を示すことにもなります。

◇ 傷つける大人をやっつけろ

　続いて、伊藤先生は「傷つける大人モード」の撃退に乗り出しました。
「おまえなんか産まなきゃよかった」と母親が言った場面に、イメージの中でＡ子さんと手をつないで、一緒に入っていきます。
「お母さん、いま何言った？　自分の娘に向かって、いったいどういうこと！」
　かつて子ども時代に、こうやって誰かが助けてくれたら……と願ったような結末に、Ａ子さんと一緒にイメージを描き変えていくのです。

　ヒーローが助けに来て幼いＡ子ちゃんを守るために天井からいつも見張っている、という筋書きでもいいし、いっそのこと軍隊を出したっていいのです。
　想像の中ですから、どんな手段を使ってもＯＫ。なんとしてでも、傷ついた幼いＡ子ちゃんを救出するのです！

◇ あなたは大切な人

　セッションのたび、伊藤先生は時間限定のママになったり、

時間限定ヒーローになったりします。

　とにかく大事なのは、「助けてくれる人がいる」と心が納得すること。「自分はそれに値する」と本当にわかることです。「あなたは大切な人。あなたがここにいるだけで、素敵なことだよ！」

　やがて伊藤先生の代わりに、A子さんはムーミンママのキャラを選び、ムーミンママになって自分自身に声をかける練習をしました。

　誰かにやってもらったことは、自分に対してやってあげることができるのです。

　こうしてA子さんは、自分自身に「私はダメ！」と言う代わりに、「だいじょうぶだよ」と言えるようになっていきました。バイト先で上司に注意されたときも、以前なら「ダメな私がばれてしまった」と考えましたが、今は「必要なことを教えてくれたんだ」と思えます。

B子さんの場合

他人の世話ばかり、自分を満たしてこなかった。

◇「お母さん、かわいそう」

　B子さんは、家事と子育てに加え、近所に住む舅姑の世話、実家の親の面倒もみて、子どもの塾の送り迎え、ＰＴＡの役員もこなすスーパーお母さんでした。
　そんなあるとき。
　多忙な一日が終わって、やれやれ明日のお弁当は……と思ったところで、過呼吸発作が起きました。以来、発作が繰り返され、内科では異常が見つからずに心療内科を紹介され、そこからまた伊藤先生のところへ紹介されてきたのです。

「ふつうは、やれやれと思ったらリラックスしますよね。なのに身体が苦しくなるのはなぜかなあ？」
　そんな先生の問いかけから、B子さんは子ども時代のことを振り返っていきます。
　父親の飲酒問題がひどくて「お母さん、かわいそう」と感じていたこと。

いつも「次には何が起きるの？」「お父さん、どうなってしまうんだろう？」と心配だったこと。

気づいてみれば、今も同じでした。
夫がコホン！と言えば風邪薬を出し、子どもがため息を漏らせば「何があったの？　どうしたの？」と気遣います。
……過呼吸の原因はここにあるのかも。

◇ 当然望んでよいもの

B子さんはスキーマ療法に取り組むことを決めました。
すでに過去と現在とのつながりには気づいていたので、さかのぼって体験を語る時間はとらずに、さっそく、スキーマ調べにとりかかります。
心に響いたスキーマは、次の４つでした。

「8　巻きこまれスキーマ（あなたと私は二人で一つ）」
「11　自己犠牲スキーマ（自分より相手を優先するのが当然）」
「14　感情抑制スキーマ（楽しんではいけない、怒ってはいけない、など）」
「15　完ぺき主義スキーマ（手抜きせず、とことん努力すべき）」

こうしたスキーマについて話すうち、B子さんは次々に発見していきます。
「なんで私、自分のことを一切せずに、他人のことばかりやってきたんだろう」
「思い返してみれば、両親の世話を子どもがするのって、おかしいですよね」

60

PART5 | 実例集　3人のケース

「発作が教えてくれたのかな。そこまで他人ばかり世話するの
をやめようって」
　B子さんにとっては、今まで「こうするしかない」と信じ込
んで生きてきたものが、理不尽な子ども時代からきたスキーマ
だった！　というのが一大発見でした。

　さらに大きかったのは、中核的感情欲求（16ページ参照）
を知ったことです。
「愛してもらいたい」
「自分の感情や思いを自由に表現したい」
「楽しく遊びたい」
　といった欲求は当然のものだったとわかり、当然望んでよい
はずのものが満たされていなかった自分に気づいたのです。
　私は他人を満たそうとしてきて、私自身のことを満たしてこ
なかった……。
　そこでスキーマのリストを見直してみると、新たに響いたも
のがありました。

「3　『愛されない』『わかってもらえない』スキーマ」

　そうか……私はあのころ、親に愛してほしかった、わかって
ほしかったのだ！
　B子さんは涙とともに、ずっと抑えていた欲求が生き生きと
わきあがるのを感じることができました。

◇ 自分を幸せにするために

　自分の望みを満たしてよいのだ、と気づいたB子さん。

61

そのために「幸せな子どもモード」を育てる練習を始めました。

　心の中に子ども時代の自分がいることをイメージし、その子に「どうしたい？」と聞いてみるのです。

　すると、「のびのびしたい」「心の底からリラックスしたい」という答えが返ってきました。

　これではまだ抽象的で、どうやって実現していいかわかりません。伊藤先生にヒントをもらって、別の質問を自分に投げかけてみます。

「Bちゃん、今日の夕飯は何を食べたい？」

　いつも、夫や子どもが何を食べたいかばかり考えていたB子さんにとって、これはドッキリな経験でした。

　B子さんはこうやって、自分を優先するということを具体的につかんでいったのです。

◇ 他人に関わるのは余力で！

　B子さんは少しずつ、日常を変えていきました。

　なにしろ他人のケアはとても上手にできるのだから、その才能を自分に向ければいいだけ。

　まず自分の欲求を満たすこと！　その余力を他人に向ける！

　これをモットーに、家族との関わり方を見直していったのです。すると意外なことがわかりました。

　今まで夫は、B子さんが何もかも完ぺきにやるので家のことに一切手出しせずにいました。でも、思い切ってちょっとした用事を頼んでみたら、「いいよ」と気持ちよく引き受けてくれたのです。

　子どもも、あれこれ世話をやかずに手放してみたら、一人で

62

それなりにやっているではないですか。

　同じ調子で、ＰＴＡの仕事も他の人に分担してもらうことができました。他の委員の人たちは、彼女がどんどんやるので、遠慮して一歩引いていたらしいのです。

　なあんだ！　ちょっと拍子抜け。私は何をあんなに必死でがんばってきたのかなあ……。

　Ｂ子さんは習い事をしたり、友人とのランチタイムを楽しむようになりました。

　気づいたら、もう長いこと過呼吸は起きていません。近ごろのＢ子さんはのびのびと、心の底からリラックスできるようになっています。

C男さんの場合

どうせ無理なんだ。 がんばれない……

◇ ないないづくしの自分

　C男さんは5年前にうつ病の診断を受けました。

　それから休職を繰り返し、次はクビかも、という土壇場で、伊藤先生のもとへやってきました。

　どうしてこんなに長いこと、うつが治らないんだろう？

　就職後、20代や30代の頃はなんとかなっていたのです。上から言われた通り仕事をこなせばよかったし、ミスをしても上司が面倒をみてくれました。しかし40代で管理職になると、自分でマネジメントし、他部署との調整もしなければなりません。たちまちつらくなりました。

　自分には問題解決ができない。交渉ができない。決断力がない。コミュニケーションが苦手。押し出しが弱い。

　そんなふうに自分のことを「ないないづくし」で語るC男さん。

　今のままではいたくない。そこで、スキーマ療法に取り組むことにしました。

PART5 | 実例集　3人のケース

◆ぽつんとしていた……

　子ども時代、家での様子を聞くと「ぽつんとしていた」とC男さんは言います。

　父親は「ふつうに真面目に、黙々と働いていた」。

　母親も「ふつうだった……」。

　話を聞いていくと、両親とも子どもへの関心が薄く、感情も「薄い」タイプのようでした。

　学校でも「ぽつんとしていた」。

　スキーマのリストを眺めながら、ピンとくるのはどれ？　と伊藤先生が尋ねると、「まさにこれです！」と言って、C男さんは二つを指さしました。

「6　無能・依存スキーマ（自分一人では何もできない）」

「9　失敗スキーマ（自分は何をやっても失敗する、きっとうまくいかない）」

　続いて、これも思いあたると言います。

「5　孤立スキーマ（どこにも属さず、一人でぽつんとしている）」

「10　服従スキーマ（叱られたくない・嫌われたくない）」

「13　否定・悲観スキーマ（どうせいいことなんかない）」

◆スキーマ発動！

　C男さんは、自分のことを本当に「無能」だと感じていまし

65

たが、それは真実ではなく「スキーマにやられちゃっている」状態であることを伊藤先生と一緒に確認していきます。

　彼は子ども時代に第2領域の欲求を満たすこと、つまり「有能な人間」にしてもらえるための経験が、足りなかったのです。
　具体的に言えば、挑戦するのを大人から見守ってもらい、励まされ、努力を認めてもらい、失敗しながら徐々に学んでいく──そんな体験です。
　それでもC男さんは、就職してからそれなりの仕事をやってきたのだから、無能であるはずがありません。
　しかし、服従すべき上司がいなくなってから、新しい課題を目の前にするたび「無能・依存スキーマ」が発動して、自分には無理だ、できない、という心のつぶやき（自動思考）が起きるようになったのです。
　そのため課題を避けようとし、引き延ばしをはかり、さらに不安が膨らみ、窮地に陥って動けなくなったのでした。

　ではこのスキーマは、いつ発動しているのでしょう？
　宿題として自己観察したところ、交渉場面だけでなく、なんと部下が自分の方を見ただけでも発動していることが判明！
　C男さんは、つくづく言いました。
「こんなスキーマと一緒に仕事をしていくのは、本当にキツいです」

◈ 自分の中にコーチ役を作る

　そこで、いよいよモードワークをやることになりました。
　C男さんの中には「ぽつんとしている」子どもがいます。ス

キーマが発動すると、その子どものモードになり「ボク、だめだもん、できないもん！」と隅っこに座りこむような状態になるのです。

　この「傷ついた子どもモード」を励ましてガイドする、父親のモードを育てることにしました。

　面接の場で伊藤先生が「時間限定パパ」になり、さまざまな場面を材料に、こんな言葉をかけていきます。

「やってごらん」

「失敗してもいいから、試してごらん」

「何ができるか、一緒に考えてみよう」

　こうして、一歩踏み出すための方法を一緒に工夫して、練習します。最初はごく小さなことから。

　何かあったとき、首をひっこめてやり過ごそうとする代わりに、顔をあげる。声を出す。よくわからない案件について部下にレクチャーを頼む……。

　一つでもやってみて報告すると、時間限定パパは、結果がうまくいったかどうかには関わらず、チャレンジしたことを心から認めて評価してくれるのです。

　これをモデルに、C男さんは「自分自身の心の中にコーチ役を作る」練習を始めました。

　テニスが好きなので、錦織圭選手を育てたコーチ、マイケル・チャンをイメージすることに決め、少しずつ、自分で自分をトレーニングしています。

　急には変われないけれど、最近では、そこまでダメじゃない自分だ、それなりによくやっている……と思えるようになってきたC男さんです。

監修者によるあとがき

伊藤絵美

いかがでしたでしょうか？

私にとってのスキーマ療法の魅力は、①自分の生きづらさを、根っこの部分も含めて全体的に理解できること、②その時々の自分の感情の「揺らぎ」を、モードの概念から理解し、適切にケアできること、の２つに尽きます。

治療者としてだけでなく、私自身もスキーマ療法に取り組んだ結果、本当の意味で自分を大切にできるようになった確かな実感があります。そして自分を大切にできればできるほど、周囲の人との感情的なつながりが深まることも知りました。

本書でその一端を皆様にも感じていただけたら、うれしいです。

スキーマ療法を習得するのは楽なことではありませんが、学ぶうちに確実に自分が変化するのを感じることができます。どうぞご自分のペースで学びを深めてください。

もっと学んでみよう、と思われた方、以下の本をどうぞ！

☆スキーマ療法に関する、著書・訳書

『スキーマ療法』（伊藤絵美・訳　金剛出版　2008）

『スキーマ療法入門』（伊藤絵美・編著　星和書店　2013）

『自分でできる　スキーマ療法ワークブック』BOOK１／BOOK２

（伊藤絵美・著　星和書店　2015）

『スキーマ療法実践ガイド──スキーマモード・アプローチ入門』

（伊藤絵美・訳　金剛出版　2015）

『ケアする人も楽になるマインドフルネス&スキーマ療法』
（BOOK1&2）（伊藤絵美・著　医学書院　2016）
『つらいと言えない人がマインドフルネスとスキーマ療法を
やってみた。』
（伊藤絵美・著　医学書院　2017）

伊藤絵美　プロフィール

洗足ストレスコーピング・サポートオフィス所長。
公認心理師、精神保健福祉士、博士（社会学）。
慶應大学文学部で心理学を専攻、同大学院の社会学研究科
博士課程修了。臨床のかたわら、認知行動療法のテキスト
翻訳や執筆にも携わる。
2004年、認知行動療法を専門とする「洗足ストレスコー
ピング・サポートオフィス」を開設。
2006年、ヤングらによるスキーマ療法のテキスト翻訳を
出版社に依頼され、その魅力にめざめる。
日々のストレス対処法は、寝転がって本を読むこと、身体
をほどほどに動かしたり伸ばしたりすること。

アスク セレクション①
心の体質改善♥
「スキーマ療法」自習ガイド

2018年6月20日　初版第1刷発行
2022年12月10日　第3刷発行

監修　伊藤絵美
構成　アスク・ヒューマン・ケア
発行者　今成知美

発行所　特定非営利活動法人ＡＳＫ
発　売　アスク・ヒューマン・ケア
〒103-0014　東京都中央区日本橋蛎殻町 1-2-7-1F
電話　03-3249-2551　　URL　www.a-h-c.jp

印刷所　明和印刷

定価はカバーに表示してあります。
本書の無断転載・複写複製（コピー）を禁じます。
落丁・乱丁本はお取替えします。
©Emi Ito, 2018 printed in Japan

通信セミナー《私を生きるスキルⅠ～Ⅲ》

こんな方におすすめです。
◆人間関係で悩むことが多い
◆ＡＣ・共依存の課題に取り組んでいる
◆就職・結婚・転職など人生の転機に自分をしっかり固めたい
◆援助職としての自分を見つめ直したい
◆自分を大切にする具体的な方法を知りたい

えっ？　人間関係が通信教育で学べるの⁉

通信だからこそ、できることがあるのです。
身近な場面を題材に、「自分だったら？」と考えるワークや、
マンガによる「課題のストーリー」を通して、
日頃は意識しなかった自分の中の思いこみ、
心の動きやクセに気づけます。

スキルⅠ　境界と人間関係
人との距離の取り方／ノーという方法／親密な関係…

スキルⅡ　「わたしメッセージ」と感情
感情とのつきあい方／伝え方／他人の言葉の受け取り方…

スキルⅢ　セルフケアと人生設計
セルフケアの方法／ストレス対処／問題解決／目標設定…

くわしくはホームページ（www.a-h-c.jp）をご覧ください。

アスク・ヒューマン・ケアの本

★マークの付いた書籍は電子版もあり。
くわしくはホームページ（www.a-h-c.jp）を。

◆赤ずきんとオオカミのトラウマ・ケア ★

白川美也子　著

トラウマはなぜ苦しみを引き起こす？　被害と加害はなぜ繰り返される？──赤ずきんとオオカミの物語仕立てで、トラウマ記憶のしくみや回復プロセスを学びます。支援者も当事者や家族も読める1冊。

◆アダルト・チャイルドが自分と向きあう本 ★

アスク・ヒューマン・ケア研修相談センター　編

過去を理解し、現在の自分を受け入れるために。各章のワークに取り組みがら、自分を苦しめているパターンがどこから来ているのを見つけ、癒していきます。

◆アダルト・チャイルドが人生を変えていく本 ★

アスク・ヒューマン・ケア研修相談センター　編

ロングセラー「アダルト・チャイルドが自分と向きあう本」の続編。新しい生き方をつくっていくためには、どうしたらいい？……自他境界、対等なコミュニケーション、親密さなどを学ぶ1冊。

◆子どもを生きればおとなになれる

クラウディア・ブラック　著

人の責任まで背負い込んで人並み以上にがんばるのではなく、「自分を幸せにできる人」が本当のおとな。そのためには子ども時代の痛みから抜け出すことが必要──AC概念の生みの親による渾身の一冊です。

◆［季刊ビィ］Be!
依存症・AC・人間関係…回復とセルフケアの最新情報

さまざまな依存症からの回復、ACや共依存の課題、トラウマからの回復など。治療・援助者にも役立つ最新情報が満載です。
年4回発行　確実にお手元に届く年間購読がおすすめ！